*de l'encre
sur mes doigts*

CLAIRE LEBRETON

DE L'ENCRE SUR MES DOIGTS

104 POÈMES

Tous droit de traduction, de reproduction
et d'adaptation réservés pour tous pays

© 2016 - Claire Lebreton
Editeur : BoD - Books on Demand
12/14 rond-point des Champs Elysés 75008 Paris
Impression:BoD-Books on Demand Allemagne

ISBN : 9782322096527

Dépôt légal : septembre 2016

Aux trois roses
Posées là, sur ma table,
Je dédis ces quelques lignes,
Un chant matinal.

Il est là mon été,
Tout bien considéré.
Voir, sentir, toucher,
Au matin, dès l'aube

Je dédis ce recueil de poèmes
à mon seul, mon tout, mon époux…
à ma joie profonde …
aux autres, à celui qui …

Qui est l'auteur ?

Claire Lebreton

Étonnante artiste aux multiples facettes. Tantôt elle nous charme par les accents inimitables de sa musique qu'elle compose avec toute son âme et qu'elle interprète en faisant vibrer son piano en résonance des battements de son cœur. Ensuite, ce sont ses peintures qui nous interpellent en accrochant le regard au hasard d'une exposition ou au détour de la page d'un livre. Des œuvres légères, lumineuses et colorées, claires, comme leur créatrice. Ne vous y trompez pas et ne manquez pas de plonger dans la profondeur de leur relief. Aujourd'hui, vous rencontrez ses étonnants poèmes, fruits d'une imagination débordante et remplit d'un humour cocasse mais jamais désabusé. Un régal par les temps qui courent.

Vous la connaîtrez mieux sur :
www.rogerclaire.fr

Le saxo

Un saxo, déprimé,
Le matin, sans batterie,
Sur la Seine désenchantée,
Sur tous les trottoirs de Paris.

Lustre son cuivre,
Attend le souffle animé
D'un homme ivre,
Qui voudrait pouvoir aimer.

Cet homme qui prend le train à vapeur,
Vapeurs d'alcool et de tuyaux percés,
A su jouer avec ses doigts
Les mélodies de son émoi.

Il s'est ensablé le temps,
Ce temps qui prend son temps.
Le saxo tout vidé de son chant
N'a pas retrouvé son joueur d'avant.

Le jazz des palaces,
A laissé des traces
Sur les reflets des glaces,
Sur les trottoirs d'en face.

La mouche et l'éléphant

Tu vois, les éléphants
D'Afrique ou d'Asie
S'acharnent à aller de l'avant
Même si leurs jours sont peut-être finis.

La mouche qui pique,
Elle est diabolique
Transmet son sommeil
Aux soldats qui veillent.

Je crie et je croque
Toutes tes notes,
Même celles que tu caches
Au fond de tes grottes.

J'ai décroché la lune,
Pour un sac de prunes.
J'ai pris des claques,
Et patatraque.

Le volcan dormait,
Piqué par la mouche
Tout au fond cachée
Sous un éléphant très très louche.

Le chat

Le chat captivé,
Par les bruits incessants,
D'ondes capturées,
Dans l'espace et le vent.

Il possède au fond de lui,
Le mécanisme animal
Qui renvoie l'écho du puits,
Une horloge peu banale.

Le chat miaule,
Chasse, griffe,
Les oiseaux qui volent,
La main qui gifle.

Il écoute et dort,
Son repos est éternel
Même s'il n'est pas mort,
Il peut jouer avec des ficelles.

Le chat comme tous les chats,
Ronronne à son humeur,
Au fil de ses pas,
Au fil des heures.

Il nous dit,
Lorsqu'il parle,
Qu'il n'y a pas d'ennui,
Dans l'espace sidéral.

Le chat se frotte,
Au gré de son gré,
Sur des gens, sur des crottes,
Pour mieux respirer.

Il fait savoir
Au monde entier,
Qu'il a le pouvoir
De suivre les bons sentiers.

Le chinchilla

Le chinchilla si doux,
Doux comme un doudou,
En boule, endormi,
Rêvant de si beaux fruits…

Se demande si,
Si sa peau à lui,
Cousue sur un manteau,
Un manteau si beau…

Au fond d'un placard
Rempli de lézards,
Ferait un décor
Plus séduisant que son corps ?

Le grillon si mignon,
Mignon comme un trognon,
Enterré dans son trou
Rêvant d'un chant fou…

Se demande si,
Si ses cris à lui,
Transmis sur les ondes
D'une radio qui gronde

Dans une automobile
Envahie de gadgets immobiles,
Ferait autant d'effet
Sur sa femelle préférée ?

Zenattitude

Aujourd'hui je l'avoue,
Tout tourne, c'est la roue,
J'oublie tout,
Même la boue.

Vivre l'impossible rêve,
Sans répit, sans trêve,
Poser son glaive,
Laisser monter la sève.

Faire l'amour avec un mot,
Même un mot de trop,
S'aimer dans les vagues de l'eau,
Se toucher d'un regard si beau.

Ignorer la violence,
D'une pensée, de l'intolérance,
Faire un monde à part dans l'absence,
Réveiller tous ses sens.

Partir pour un grand voyage,
Voir tous les mirages,
Sans oublier les images,
Laisser tomber la rage.

Le tableau de l'enjeu

Le tableau de l'enjeu,
Un piano sans queue,
Passent au-dessus de mes barrières,
À côté de la fourrière.

Je me moque principalement
De tous ces grondements,
Qui essaient de mettre à la dérive
Ma coquille de noix peu chétive.

Les bijoux d'un trésor bien gardé
Sont assurés pour des éternités,
Une main veille sur les poignées
Toutes dorées comme des beignets.

Dans son trou ou au milieu de ses cendres,
Resteront les moules
De la coquille d'argent,
L'âme soudain allégée se mettra en boule.

Trop tard de n'y avoir pas pensé.
La qualité avant la quantité,
Le presse-papier,
Le cendrier.

Mon cheval

Accourant, apeuré,
Le lad de mon écurie
Tout de go me dit :
Madame : le cheval est blessé.

Que s'est-il passé ?
A-t-il mal sauté ?
Est-il tombé ?
Dites-moi vous m'agacez

Madame votre chien l'a mordu.
Qu'a fait le cheval à mon chien
Pour qu'il le morde impromptu ?
Je suppose que ce n'est rien.

L'affaire est sans danger,
La blessure n'est guère profonde
Votre chien n'est pas mauvais
Bientôt le cheval fera la ronde.

Non

Non, sûrement pas,
Non, nous voilà.
Non sûrement pas,
Car il y a,

Il y a au fond de moi,
Toute cette campagne
Et ces croisades en joie,
Des mâts de cocagne.

Qu'on me laisse

Qu'on me laisse à mes pensées,
Devant mon feu de cheminée,
Qui traîne comme des cercueils
Une flopée de deuils.

Qu'on me laisse imaginer,
Que la mort peut délivrer
De tous les maux,
Ma vie en étau.

Qu'on me laisse payer ma dette.
Parce que j'ai cru que la vie était une fête.
Tant pis pour les cerfs-volants
Qui volent dans le vent.

Qu'on me laisse brûler
Toute cette encre, ce papier.
Comme les loups parfois,
L'homme hurle au fond du bois.

Qu'on m'empêche de me lamenter
Devant ces murs si bien dressés.
Je vous emmerde et c'est tant mieux,
L'homme n'a jamais été un Dieu.

Qu'on me pardonne,
Je m'abandonne
À mes tempêtes et mes tourments,
Seule et à pas lents.

Qui nous dit?

Le limon
Qui bouge au fond
Nous dit que l'eau
De la source à ton seau
A fait son parcours
Avec des pas très lourds.

Le soleil
Qui brille au-dessus
Nous dit que sa lumière
De son noyau si légère
Fait toujours et encor
Son office d'alors.

La nature
Qui vit quand même c'est sûr,
Nous dit qu'un mot
Est entendu là-haut.
Il fait l'écho permanent
Des âmes en tourment.

Rien à comprendre

Je ne comprends rien,
Ni des attitudes,
Ni des caractères de chiens
Qui me montent en altitude.

Je veux taper ce fer,
Sur mon enclume
Jusqu'en enfer,
Légère comme une plume.

Du technicien au politicien,
Pas besoin d'opticien
Pour voir les dessous
De l'affaire à remous.

Je ne comprends rien
Ni des silences,
Ni des distances
Qui séparent les chemins.

Dans mon jakouzi,
Je bulle et je ris
D'être si belle dans le noir,
Sans aucun miroir.

Rythme

Ce rythme saccagé,
Qui de ses cages fait jaillir,
Les saccades d'une hirondelle effrayée,
Me dit que le feu fait bouillir,

Bouillir des marmites,
Marmites sous la cendre,
Pour ne plus descendre,
Et s'accrocher sur des mégalithes.

Ce rythme affolé,
Qui de ses hôpitaux fait envoler,
Les fous qui jouaient,
Sur un piano encordé,

Encordé au pied,
Au pied d'un arbre
Que l'on appelle un chaîne,
Puisque tout se déchaîne.

Ce rythme apaisé,
Qui de ses profondeurs
Nous caresse et nous a aimé,
Il reste ce soir mes doigts en cœurs.

Une tête de Turc

Une tête de Turc, au pied d'un mur
Picore du pain très très dur.
La ruse rusée d'une russe désabusée
Tend ses filets pour des poissons manger.

Un chameau, en rade d'eau
Se résigne et voudrait un bateau.
Un navire,
Pour un délire.

Une étoile débranchée,
Du firmament tombée,
Se meut au fond d'une eau,
Une eau salée sous des Pâques pas beaux.

Un naufragé sur son île
À coupé tous ses fils,
Oublié tous ses drames
Pour une seule flamme.

Un zizi de jade
Fait une parade
Pour une dernière rose
Pour une pause.

Le naufragé avec son zizi
Se prend la tête
Parce qu'il voit des chameaux
Sur des étoiles.

L'éveil et le progrès

L'éveil et le progrès
D'un tout petit
Face aux dangers
De toute une vie.

Un lion, une girafe
Au balcon d'un paragraphe
Se lèchent se griffent
Au bord de la gifle.

La silhouette d'Hitchcock
En touche et en stock
Sur des films que l'on projète
Dans toutes les salles des fêtes.

Un mensonge ou la moitié
Se pardonne tout entier
Dans la dérive et la rivalité
D'un papillon, d'une araignée.

L'excellence et la majesté bleue
D'un homme devant son feu
Qui progresse et se réveille
Quand une main veille.

Une cerise une orange
Dans un monde étrange
Se cueille et se mange
Du démon à l'ange.

La peur et le danger
Partout et même autour
Dans les rues et sur le papier
Chaud comme sortis du four.

Un crime une tuerie
Ne peuvent s'oublier
Que dans l'absolu prisonnier
D'un massacre, d'une vie.

La grandeur, la perfection abstraite
D'une idée que l'on regrette
D'avoir laissé à l'abandon
De toutes ses prisons.

Un oiseau sur le toit d'une maison
Chante et se demande
Si il pourra faire livraison
De l'asticot à ses petits qui quémandent.

Vraiment, c'est tout

De la boue
Des limaces
Vraiment c'est dégueulasse.

Du chewing-gum
Des préservatifs
Vraiment c'est instructif.

Du coca
De la pizza
Vraiment c'est diététique.

Du détergent
De la mort au rat
Vraiment c'est du dégât.

De l'alcool
Des cigarettes
Vraiment c'est obsolète.

La clef de sol

C'est sous une chemise,
Dans une grande valise,
Qu'elle a retrouvé une clef.
La clef de sol qui lui donne un ré.
D'une imprimante à jet d'encre,
Elle a fait une purée avec un trou au centre.

C'est dans un tiroir,
Sous une brosse à dents noire,
Qu'elle s'est coupé le doigt
Qui lui sert pour sa joie,
Son plaisir unique,
Sous sa tunique.

Le majeur qui croit
Qu'il peut faire la loi,
Parfois se leurre,
Mou comme du beurre.
Sur un clavier portatif,
On peut faire des vérifs.

L'indépendant qui se ment,
N'est pas libre intérieurement.
Elle le sait, malgré tout
C'est sa vie qui est au bout.
Le chemin cabossé
D'un terrain tout inondé.

Le charme fou

Le charme fou, caché
Sous toutes ces plaies,
Cassé, brisé d'austérité,
Freine la machine à café.

Il y aura toujours dans mes notes
Toute la boue de mes bottes,
Même mon ours dans sa grotte,
Tous ces instants qui flottent.

D'une voiture sans moteur,
D'un train sans vapeur,
D'un bouquet sans fleurs,
D'une vie sans cœur.

J'ai perdu le bout de ficelle
Qui tirait la manivelle
Pour faire voler la caravelle.
Mon souffle est coupé, sans aile.

Le charme doux, délié
Sous toutes ces idées
Cassé, brisé d'éternité,
Grille et moud le café

Aïe, aïe, aïe

Aïe, aïe, aïe, un glaçon
Dans ma limonade
Se tord et fond
Sous un soleil en rade.

Ce joyeux désordre
Venu d'un fjord,
A mis la confusion
Dans mon volcan en fusion.

Le mensonge qui tenaille
S'installe dans les mailles.
Le filet du pêcheur
Monte hors de l'eau sa peur.

Enfermée dans un harem
Une femme très sereine,
Se dit que ses sœurs de misère
Ne savent pas respirer le bon air.

Ouïe, ouïe, ouïe la grenouille
Traîne et pendouille.
La farce d'un champignon,
Atomisé dans les rognons.

Cette panique
Qui donne des chiques,
De mémoire vive
Galope sur les coursives.

L'hypocrisie souriante
D'une âme qui hante.
Amis dans la fiente
Inséparables dans la tourmente.

Cachée dans une cave humide,
Une boîte en fer rouillée
Attire l'attention, mais elle est vide.
Un rat sans doute, très rusé.

Aux quatre coins du monde

Tout au Sud
J'ai vu un taureau en plastique
Noir de lassitude
Mais jamais en lui de panique.

Tout au Nord
J'ai entendu un esquimau
Dire qu'il avait froid dans le dos
En lui, la vie pourtant si fort

Tout à l'Est
J'ai senti les embruns
D'une mer qui avait la peste
Toujours s'agite du rouge dans le brun.

Tout à l'Ouest
J'ai goûté aux fruits sans goût
Parce qu'il ne reste
Au bout du compte que des égouts.

Tout au Centre
J'ai touché de mes mains,
Tremblantes, ton ventre.
En toi, rien de vilain.

Aux rivières insolites

Aux rivières insolites
Je donne et invite
Les rêves qui m'habitent
La vie existe.

À la lumière intérieure
J'abandonne tous mes pleurs
Pour construire sans regret
Mon édifice tant imaginé.

Aux arbres, aux fleurs,
J'imagine des mots
Qui lorsque passent les heures
Ne sont pas dis assez tôt.

À ma conscience l'examen
Sous la loupe et dans mes mains
Le sablier de mes lendemains
Qui je crois seront sans fin.

À l'éternité d'une parole donnée
Je glisse sur le papier
De cet arbre scié
Au fond de l'Amazonie défigurée.

À l'orée du bois

À l'orée du bois,
Bois, son et pain,
Je vois quelques notes en croix
D'un alexandrin.

Les idées reçues
Et mal perçues,
D'une image
Quelquefois très sage.

Il y a, au-delà,
Au-delà de tout celà,
Des femmes qui pleurent,
Des enfants qui ont peur.

Combien faudrait-il,
Faudrait-il de temps ?
Pour que la femme s'exile,
Pour que l'enfant prenne son temps.

À l'orée du bois,
Bois, son et pain,
Je vois quelques notes en croix
D'un alexandrin.

Goutte à goutte

Le goutte-à-goutte
De tout ce qui dégoutte
Débranché de la machine infernale,
Le cœur qui se déballe.

Ces mots versés, satanisés,
Dits et pensés,
Font que finalement,
Mon voile est dedans.

Le bocal tout rempli
De cornichons au vinaigre,
M'invite et me dit
Que c'est pas bon le aigre.

L'injustice malsaine
Débride la violence
De toutes mes peines
Et de mes souffrances.

Le feu massacré,
Qui réchauffait, qui était,
Même plus de cendres enfouies,
Bien sûr c'est inouï.

Il est un passage

Il est un passage
Que chaque homme, chaque femme
Ouvre comme un message,
Un pli de l'âme.

C'est le cacao
Du petit-déjeuner
Qui dit tchao
À tout ce qui est mal passé.

C'est le tiercé du dimanche
Le ticket poinçonné,
Une robe blanche
Bien repassée.

Il est une étoile
Que chaque regard, chaque baiser
Soulèvent le voile
Toute la brume du laisser passer.

C'est une plage à galets,
Du Sud au Pas-de-Calais
Qui blesse les pieds,
Brise les vagues animées.

C'est le cocorico
D'un gallinacé réveillé
Qui dit qu'il faut
Toujours avancer.

Apparences

Du sous-sol au grenier,
De la tête aux pieds,
Les trois coups résonnent
Quand il n'y a plus personne.

D'hier à demain,
Du rire au chagrin,
Je reconnais dans l'espace
Toujours cette même trace.

C'est l'été tout au bout,
Qui a raison de nous.
Le soleil qui darde,
Tend sa hallebarde.

Le jeu des reflets
Au fil du ruisselet
Dessine des mosaïques
Aux couleurs laconiques.

Dans ce kaléidoscope
Cinq et mille sens
Rapides comme l'antilope
Défilent dans l'absence.

Au bout de l'âge

Quand au bout de l'âge
Tu as fini d'être sage,
Tu t'aperçois que tout se visse,
De la vie, des enfants, des femmes,
Tu t'aperçois que tout se dévisse
Lorsqu'il n'y a pas l'élan amour
Ni le partage de l'âme.

Ton cœur blessé, glacé,
Ne reconnaît pas toujours
En moi ce regard vérité,
En moi le temps si court,
Qu'il nous reste à parcourir
Ensemble, ce bonheur à vivre
Là, si fort en nous.

D'espérer, souvent fait si mal,
De croire, souvent fait si peur,
Que la vie, les gens s'avalent,
Que les hommes écrasent des fleurs.

Tout donner de sa vie
À ceux qui te la volent
En restera-t-il encore aussi
À celle qui t'envole ?

Je frissonne bien sûr
Que tu te sois perdu
Dans ce dédale obscur
Des gens qui pensent mettre à nu
Ta vérité que seul tu connais
Que seul tu as porté.

Nous avions tous les deux
Les mêmes clefs dans nos poches
Dans nos yeux le même feu
Et tu sais que l'on est si proches.

Quand au bout de l'âge
Tu a compris enfin
Qu'il faut avoir cette rage
De vouloir bouleverser ton destin
Alors tu as trouvé
Le vrai chemin.

Au gré du gré des vents

Au gré du gré des vents,
Tu vogues doucement,
Tu as perdu ta boussole
Derrière un parasol.

Au fond, au fond de l'eau
Toutes les encres de tes bateaux,
Tu as laissé ton perroquet
En échange d'un bilboquet.

Au creux, au creux des vagues,
Tu nages dans les algues.
Tu as viré de bord
Bien sûr tu n'étais pas d'accord.

Au loin, si loin de la terre,
Tu vis du poisson volant
Et des étoiles de mer
Si près du firmament.

Au bord de tous les ports
Tu comptes sur tes doigts
Toutes les âmes des morts
Sans foi ni loi.

Inventaire inventif

Une traction attractive,
Le sifflet d'une locomotive,
Le jeu récréatif,
Le film interactif.

Une femme abusive,
L'équation consécutive,
D'un problème actif,
Qui fait que l'on se gratte les tifs.

Une idée explosive,
Grande et massive,
Circulante dans une manif,
Fait parfois sortir les canifs.

Une femme lascive,
Fait la lessive
D'un bébé laxatif,
Qui dans ses couches se rebiffe.

La vie active,
Pour manger des endives,
Issues d'un champ radioactif,
Cultivé par des griffes.

Une femme émotive,
Un bateau qui dérive,
Une promenade sous les ifs,
Un avion furtif.

Chez moi

Sous les fenêtres de mon appartement,
Des hommes saouls des fous du volant.
Dans mon placard,
Des chemises, des draps, une bouée canard.

Devant mon poste de télévision
J'ai quelques visions.
Des pubs, des journaux, des fesses,
Des films, des reportages, des ogresses.

Dans mon réfrigérateur,
Des yaourts, des bâtons panés et du beurre.
Un régime draconien,
Qui donne un mal de chien.

Sur mes revues préférées,
Les mêmes pubs qu'a la télé,
Sur les sites internet,
La vie n'est pas net.

Au fond de mon cœur
Des rêves bleus, rêves bonheur.
Qui a coupé mes fleurs ?
Pillé mon jardin qui pleure ?

Elles ont...

Elles ont dans leurs yeux
Un idéal préfabriqué
Enfoncés dans leurs têtes des pieux
Un filon sans idées.

Elles ont entre leurs cuisses
L'enfer et le paradis
Qui cachent leurs âmes pour que ça glisse
Loin des origines aussi.

Elles ont dans leurs bouches
Les mots d'un Larousse
Jamais farouches
Pour que ça mousse.

Elles ont un diable
Dans leurs esprits qui se battent
Aux côtés de gens pas fiables
Leurs bourreaux qui les abattent.

Elles ont dans leurs gestes
Comme autant de cris
Qui dans la nuit crèvent l'ennui
Pour ne pas avoir froid, prendre une veste.

Enfers de terre

Ces enfers sur la terre,
Que chacun porte
À tomber par terre
Me disent qu'il faut être forte.

À jamais dans les ondes du ciel
Les battements de mon cœur
Feront couler le miel
De mon amour et de mes peurs.

Me battre et me débattre
Pour le feu dans l'âtre
Parce qu'il y a toi
Là, si près de moi.

Tant qu'il y aura du sang,
Des cris, des larmes
Sur la vie d'un enfant
D'autres prendront les armes.

Cette lumière qui scintille
Du sel de mes larmes,
Dans mes yeux qui brillent
Fait tomber le charme.

Doucement je m'éveille
Devant un dieu qui veille
Sur mon âme qui parfois
Perd sa paix, sa foi.

Au creux de ma misère
Il n'y a plus de barrière
Mon univers décalqué
Se projette dans l'immensité.

Une fenêtre, une porte
Sur une étoile morte
Libère de l'air
Sur une prison de verre.

Guerre de religion

Bien au-delà des mondes,
Sans perdre une seconde,
L'affreux pouvoir des hommes
Comme au temps de la grande Rome,

Désintègre les cœurs,
Mêmes ceux avec des fleurs.
Le délicieux partage
Devient comme un outrage.

Le corps, le sang d'un dieu,
La sagesse des vieux,
La pureté d'un enfant
Deviennent un vent violent.

Au risque de tout perdre
Et la mémoire et Phèdre
Les femmes se cachent derrière,
Derrière des voiles à la manière

De ces petits qui ont peur
Peur des coups, de la douleur.
Que le temps cesse
De tournoyer dans la même ivresse,

Dans le même décor
De ce royaume mort
D'avoir cru un jour
Que Dieu était amour.

César

Le génie de César
Qui veut civiliser le barbare
Actionne les manivelles
De toutes mes passerelles.

Le cactus du désert
En sait plus sur la mer
Que tous les marins
Qui oublient leur dessein.

L'aventure est partout
Du bout de la route et sous,
Sous chaque destin,
Tous les lendemains.

L'innocence d'un enfant
Toujours trop jeune pour les grands,
Peut faire de lui un solitaire
Naïf, idiot, étrange et peut-être pervers.

La magie d'une formule,
Incantée sous la lune,
Peut venir à bout
De l'esclavage de l'âme qui rend fou.

Hasard

Dieu prisonnier et meurtri
Se repose, épuisé
D'avoir donné la vie
Au cosmos étoilé.

Sa puissance anéantie
Par ces mêmes hommes
Qui l'ont créé puis trahi,
Ceux qui croquent les pommes.

Il est si facile de croire
Que tout n'est que hasard,
Que la terre est une poire
Et l'univers un grand bazar.

Bazar où l'homme peut
Tricher, voler, mentir et tuer
Puis autant faire ce peu,
Demander d'être pardonné.

Partir, mourir tranquille
Après avoir tout massacré
Sans penser être vil,
Demandant le paradis sacré.

L'ABC

Saisi du vertige
De voir que le monde
Sans nous, ni même une tige,
Tourne et tournera dans la nuit profonde.

Que le temps, les rides,
Sont des coups de butoir
Sur nos terres arides
Sans un seul abreuvoir.

La voie, lactée et sans lait,
Nous dicte l'ABC,
Nous signale, aux détours,
Qu'il n'y a que l'amour.

La beauté est dans tout,
Le tout est en nous.
Le vide n'est rien
Lorsque l'on pense aux lendemains.

Désabusé, devant un si beau paquet
Le nœud reste intact
Croyant ne pas l'avoir mérité.
Dans le paquet, un pacte.

Le centimètre

Le centimètre,
Près du millimètre…
Calculé, mesuré,
D'un avis justifié.

Une urne sur une table,
Entourée de notables,
Donne au bout du compte
La réflexion et les décomptes.

La voix d'un peuple gronde,
Chacun y va de sa fronde.
La France est-elle profonde ?
Pour cela il faut une sonde.

Le centimètre,
Près du décimètre…
Pas trop calculé, démesuré,
De réponses injustifiées.

Le mur

Au pied du mur,
Mur entre Est et Ouest,
Mur lamenté,
Muraille de Chine.

Valse aux pas lents
Tous cadencés,
À vraiment,
Bien cadencés.

Dans un grand vent
Comme un silence,
Lancinant, enivrant,
Tout est là, en transparence.

Le mur très mûr
D'un soleil pourpre, si pur,
S'avance,
C'est le mur qui entre dans la danse.

Liberté chérie

Liberté, liberté chérie
Alléluia de mes ténèbres
Tu m'as été donné
Et c'est ce matin
Que les murs de ma prison
Se sont écroulés.

Liberté, liberté chérie
Tu m'apprends doucement
Que la vie est une pyramide
Que l'on n'a pas forcément
Construite autour de soi tout seul,
Que mon cœur m'appartient.

Liberté, liberté chérie
Tu respires dans mes mains
Et mes choix sont certains.
Je vais et je viens
Dans l'espace qui est le mien.

Liberté, liberté chérie
La droiture est le lien
La justice est le feu
La passion est une prière
Les cris des chagrins.

Liberté, liberté chérie
Tu es ce soleil d'été
Qui traverse toutes les saisons
Jusqu'à la raison

Cette lumière qu'il faut atteindre
Jusqu'à l'équilibre enfin.

Liberté, liberté chérie
Ton mystère est en moi
Ta force me guide pas à pas
À travers temps, à travers ciel

Liberté, liberté chérie
Dieu n'y est pour rien
Les hommes t'ont donné ton nom
Et déchirent entre eux
Ta pureté, ton innocence.

Liberté, liberté chérie
Louanges de tous les anges
Tu m'emportes
Et je cours ce matin
Sur les toits du monde.

Petit déjeuner

Les croissants d'un petit matin,
Croissants de lune et de chagrin,
Dans la tasse fumante
D'un café à la crème brûlante.

Le journal sur la table,
La table d'un hôtel,
Des nouvelles misérables
Nous viennent du ciel.

Des avions qui voyagent,
Au-dessus de nos têtes,
Chargés de bagages
Pour d'autres fêtes.

Les passagers, tous alignés,
Ne savent pas encor,
Qu'avant l'arrivée
Ils trouveront la mort.

Dans ce septembre
Du nouveau monde,
Le feu et l'ambre
D'un dieu qui gronde.

À vrai dire

À vrai dire
Au serment
Je préfère
La certitude.

Tes baisers
Tes ivresses
Enveloppent doucement
Mon âme, ma vie.

Tu es là et c'est bon.
Toute ma joie
Mes délices
D'instants propices.

Adieu donc
Cauchemars,
Vie sans vie,
Sans regard.

À vrai dire
Je préfère
Ta présence
À mes délires.

Cette étoile
Morte pour toi
Brille comme un feu
Au comble de la loi.

T'aimer pour t'aimer,
Battre l'horloge
Tendue, oppressée,
Mon illustre projet.

À vrai dire
Je préfère
Cette vie à l'enfer,
Nous deux sur la terre.

De l'encre sur mes doigts

De l'encre sur mes doigts
Qui cherchent des mots
Mes doigts qui sans toi
Naviguent au fond de l'eau.

Tout au bout de la nuit
Je veux connaître ta voie
Trouver ton chemin
Sans toi je ne suis
Que le poids
Plus rien.

Je n'écris plus
Quand je suis perdue
Ma vie sans toi
Est aussi sans moi
Ma vérité au bord
De ses larmes
Reste un trésor
Ou même une arme.

À vouloir s'effacer
Pour laisser place
À vouloir crier
Pour ne pas faire de trace
On oublie d'être soi
On ne sait plus marcher sur les toits.

De la glace sur mes doigts
Qui glissent sur un clavier
Mes doigts qui sans toi
Mélangent les papiers.

Tout au bout de la vie
Je veux connaître l'amour
Trouver les bonnes clés
Sans toi je prie
Pour que tu restes toujours
Même au travers des reflets.

Je n'écris plus
Quand tu t'es perdu
Ma vie sans toi
Est aussi sans moi.

Ma lumière au fond
De ton cœur
N'est pas en prison
C'est un bonheur.

À vouloir tout partager
Pour une bonne conscience
À vouloir tout donner
Pour laisser une présence
On oublie de s'aimer
On ne sait plus se rencontrer.

Autour de l'amour

Au détour d'un amour
Renversé sous le vent,
Dérivé pour toujours
Des yeux d'un enfant.

Il y a ses regards
Posés là, sur mes mains
Comme l'attente à la gare
D'un voyage sans un train.

Il y a ses sourires
Délicats, tendres, extrêmes,
Comme les notes accrochées
D'une symphonie sans fin.

Détachée de ce monde,
Envolée au-dessus
Des rivières en ronde
Aujourd'hui je suis nue.

L'aube me rappelle
Qu'au bout de la nuit
Déploie toujours ses ailes
La lumière éternelle.

Ce soleil broyé, éparpillé,
Caché, invisible,
En myriade peut se lever
Du fond de soi, irrésistible.

Passe le temps,
Tournent les heures,
Il y a pourtant
Souvent des cœurs.

À l'approche de la source,
Apaisée au fond de l'âme,
Vit au bout de ma course
Une toute petite flamme.

Cette force qui est là,
Sur cette eau qui court
Me transporte et voilà
Que c'est bien de l'amour.

Des libellules bleues

Des libellules bleues,
Toujours deux par deux,
Volent ensemble
Juste au-dessus de l'eau.

Par bouillons cette rivière,
Sortant du moulin,
Passe devant nos yeux
Faisant des remous.

Plus loin les oiseaux,
De leurs chants mélodieux
Envahissent les arbres.
Cette nature verdoyante

Nous attire vers l'été,
Comme ces pièges dans l'eau
Attirent les poissons,
Il y a aujourd'hui une raison.

Raison à tout,
Raison de tout,
Raison de rien du tout.
Il y a toi et moi.

Autant de jours

Autant de jours passés ensemble,
Autant de nuits que tes mains tremblent,
Pour un moustique
Dans la panique.

Ici, en bas, c'est là que tout se joue
Un mot murmuré, dans le cou,
Une main qui tient un pinceau
Pour peindre ton tableau.

Je n'ai pas choisi, pas voulu,
Ce monde perdu.
Les autres abandonnent
La route tracée et frissonnent.

Que Dieu me pardonne
La cloche sonne.
Je veux tuer ce moustique,
D'un chausson diabolique.

Cet amour si particulier
Tourne et renverse le sablier.
Le sens des mots
Fait des pas de trop.

Je saute la rivière,
Qui arrose les jardinières,
Pour trouver sur l'autre rive
Des ombres à la dérive.

Au gré du vent

Au gré du vent,
Des circonstances,
Notre histoire à pas lents,
Prend le mouvement d'une danse.

Mon regard perdu dans le tien,
Ta main sur mon sein,
Nos cœurs rythmés,
Du même courant animés.

Pour un mois pour quinze ans,
Je me laisse naviguer
Sur cet océan
De bonheur tant imaginé.

À l'envers d'un décor
De rouages fatigués
À travers toutes ces morts
Je nagerai sans me lasser.

Les espérances d'aujourd'hui
Sont de poursuivre,
Ensemble même dans les nuits,
Tout donner pour vivre.

À chacun dans nos mains
Du temps, des lendemains,
Dans ce présent parfois difficile
Qu'ensemble nous rendons plus facile.

L'on peut tout oublier
Du corps et des pieds,
Ton âme seule a su consoler
Les déceptions, les chagrins passés.

Les sabliers sont renversés,
Il ne faut plus penser
Et ne plus regretter
Ce que tu étais, ce que tu avais.

Arrêtons-nous là,
Installés côte à côte,
L'immensité dans nos bras
Oublions toutes nos fautes.

Les guerres au fond de soi
Sont parfois
Autant de paix que l'on perd
Autant de joies prisonnières.

Mon amour, mes émois,
Bien sûr sont pour toi.
Les chants des oiseaux,
Toujours seront beaux.

Aux ombres

Aux ombres j'ai choisi
L'univers uni
Comme notre tête de lit
Au bord de la nuit.

Quartier de lune
Sous toute ma plume
Qui chaque jour
Fait un détour.

La magie surannée
De toutes nos années
Renversante de désir
Délivrant nos plaisirs.

De cette lumière sublime
Se détachent en tâches
Les ivresses,
La tendresse.

Le risque encouru
N'est qu'une pluie de papillons
Qui, unis dans cet univers
Pourraient voler en tourbillon.

Interrogation?

Bien sûr je me suis livrée, délivrée,
J'ai tout dit jusqu'à l'indicible,
Jusqu'à l'ivresse dépassée,
Les balles retirées de la cible.

La décence je crois, que tu me dois,
Est celle au moins parfois
De me dire toi aussi
Ce que tu me caches de ta vie.

La confiance au fil des jours
Perds tout de ses pourtours…
Ce fardeau cette besace
Je me sens seule en face !

Je ne paierai pas la facture
De toutes tes fractures.
Ta symphonie en trois mouvements
Me fait courir droit devant.

Le Sud si proche
C'est pas dans la poche…
J'ai peur que jamais
Le temps ne nous soit donné.

Ce soir pour la première fois
Je m'ennuie tout à la fois.
Il faut que ça tourne vite
Vite avant que je ne retourne l'invite.

Ce sont des vagues

Je n'ai pas peur
Qu'est-ce que tu crois ?
Je suis mon étoile
À travers ciel.

Je peux hurler mon bonheur
Qu'est-ce que tu crois ?
Je suis mon étoile
Et tout son miel,
Tu emportes tout mon cœur.

Au fil des jours,
Au fil du temps,
J'ai plus d'amour,
C'est un grand vent.

Ceux sont des vagues
Qui me submergent,
Tu resteras pour moi
Toujours le même roi.

Au bord

Face au soleil montant,
Plus rien de troublant,
L'esquisse du jour,
Berce tout mon amour.

Viens au bord,
Tout au bord de mon bord,
Pour que vivent encor,
Tous les élans de nos corps.

Au fil du temps

Assis près de moi,
Sous la tonnelle
Au bord du Loir,
Sérieux tu écris.

Le pont que l'on restaure,
Notre chien qui va et vient,
Le soleil qui s'emboîte,
L'herbe sous mes pieds.

Je rêve qu'au fil de l'eau
Nos vies s'accordent sans discorde.
Je rêve de dormir sur l'herbe
Près de notre chien.

Assis près de moi,
Sérieux, la tête sur le poing,
Tu travailles,
Te mordilles les doigts.

La montre à ton poignet
Indique dix-sept heures,
Le soleil frappe mon épaule,
Le chien lèche mes pieds.

Je rêve qu'au fil du temps
Nos vies ne s'effilochent.
Je rêve d'un repos
Près de toi.

Amour sans toi

Même dans l'abandon
Du plus secret pardon,
Je t'aime et rêve
Du même rêve sans trêve.

Amour sans toi,
Je suis sans moi.
Amour loin de toi,
Je suis loin de moi.

Des rubans dans mes cheveux

Des rubans dans mes cheveux
Ne reste que les nœuds.
De mes dieux adorés,
Un seul homme à aimer.

Il est là, sans raison,
Paisible et heureux
De vivre une autre saison,
Dans mes bras enlacé.

Il me mord de ses baisers,
Je l'aime tout entier.
De nos ébats amoureux,
Reste l'empreinte d'un seul cœur.

De sa vie, son passé,
Il a fait une ancre
Pour amarrer son bateau
Dans le port de son choix.

Il est beau, généreux,
Se débat pour ses idées,
Traversant la vie, tel un chevalier,
Conquérant, parfois si doux…

Je dis oui pour toujours,
Puisqu'il le veut et moi aussi.
Je dis oui sans détour,
Puisqu'il en est ainsi.

Griffée par un rosier

De ce silence intégral
J'explore le sidéral,
Une idiote tombée du ciel
S'est collée sur du miel.

Plus enfermée et dans le noir
Que les pleurs d'autres soirs.
Tout est cassé haché-menu
D'avoir traversé cette rue.

À l'avance je le savais,
Je suis une poupée
Gonflée et toute trouée
Pour satisfaire l'inavoué.

Derrière ces murs je me lamente
Et fume mes cigarettes sans menthe.
Parfois certaines choses
Ne devraient être celles que l'on ose.

J'ai balayé les lendemains,
Donné de grands coups de poings,
Pour un jour trouver
Un repos et la paix.

Mes valises pleines de vide
Sont posées là, à tes pieds.
J'avoue j'ai pris un bide,
Griffée par un rosier.

Doutes

Je cesse d'avoir en toi
L'attrait, la foi, la joie.
Avoir donné tout ce que tu m'as pris
Me fait douter de qui je suis.

Ce feu qui m'habitait
Prenait l'espace tout entier
J'ai tout quitté
Pour me laisser abandonner.

Je hais Dieu, je hais la vie
D'avoir cru au paradis
De tout ce que tu m'as dit
J'ai tout rêvé, tout imaginé.

Aujourd'hui que je suis là,
Tu me trahis me désordonnes,
Tu verses dans ma purée
Du poivre tout concassé.

De tes baisers
De ta tendresse
Il ne me reste brisées,
Que des vagues de détresse.

Je fais les comptes
Les additions,
Les soustractions,
De toi et moi j'ai honte.

Il y avait des illusions,
Une fois encore
Je me retrouve en prison
D'être le plus beau décor.

Du chant à l'ivresse

De l'amie à l'amante
Au-delà des tourmentes
J'avance sans yeux ni tête
Pour qu'un jour soit la fête.

Du carmin au vermillon
Dans un tourbillon
Je rêve d'un autre matin
Des fleurs dans les mains.

De la séduction à la passion
Sur les rives de l'émotion
Je traverse ta vie
Du bonheur à la magie.

De l'envie à ce que l'on ose
Au travers d'un jardin de roses
Je libère mon âme
Et oublie tous les drames.

De la naissance au lendemain
Parmi des milliers de chagrins
Je trouve entre tes doigts
Tous ces parfums d'autrefois.

De la voix au chant
Par-dessus et en dedans
J'imagine toutes les saisons
Sous le toit de notre maison.

De mon âme au papier
Dans la main se transmet
Tous ces mots que je ne dis pas
Qui pourtant parlent tout bas.

De la prison à la liberté
Avec force et l'autre admiré
J'entrevois, j'entends
La courbe et le vent.

De midi à minuit
Au fond et sans bruit
J'aime ce que tu es
L'esprit, le corps emmêlés.

Du présent au souvenir
Sur des regrets ne pas mourir
Je plante un drapeau
Tout droit dans le futur si beau.

De l'envie au désir
En transit, le plaisir
Je rejoins ton âme
De tout mon corps qui s'enflamme.

De la rencontre à l'union
Aux pieds de tes pieds en révolution
Je prends ce soleil
De ton cœur tout pareil.

De la question à la certitude
À cheval sur l'habitude
Je galope à l'inverse
Pour que règne toujours l'ivresse.

Gouttes de pluie

Toutes ces gouttes de pluie
Sur ta vie, ton destin,
Tombées, infiltrées dans tes nuits
Ont fait jaillir du plus bel écrin

Tout le sel de tes larmes
Cristallisé, sculpté
Tout autour de ton âme
Blessée, torturée.

Mon ange il te manquait
De voyager aux côtés
De la liberté, de la vérité,
D'une femme non altérée.

Ce chemin qui chemine

Au fil de cette eau,
Toujours plus haut,
Il y a au fond de moi,
Tout mon émoi.

Exposée, délavée, déchirée,
La toile sur du papier,
Papier sur l'encrier,
De Chine ramené.

Endormie sous un cèdre,
J'explore telle Phèdre.
Réveillée sous juillet,
Je renais dans tes bras enlacée.

Où est-il ce silence ?
Endormi de démence,
Aujourd'hui Beethoven Ludwig
Ne serait pas traité tel un prodigue.

Au fil de cette eau,
Toujours plus haut,
Il y a dans les déserts,
Tant de regrets amers.

J'explore ce bout du monde,
Où tout file en une demi-seconde.
Réveillée comme cette rose,
Endormie sur une demi-pause.

Je t'aime sur ce chemin,
Qui chemine dans nos mains,
Ce chemin,
Qui enracine notre destin.

Avril en décembre

De cet avril en décembre
Reste mes mains qui tremblent.
Au courant du ruisseau
L'absence au bout du pinceau.

De ma vie dans de l'ambre,
Cuivrée, polie, roulée dans la cendre,
Jaillit un flambeau
Irisé vers le haut.

De ce dédale
Comme en spirale,
S'élève ton nom,
De la fumée, des ronds.

De mes mains tendues,
Au hasard des rues,
Ne reste même pas l'ivresse
D'oublier la sagesse.

De tes mots dans l'été,
Dictés par tes pensées,
Se fondent et se confondent
Dans mon cœur qui abonde.

De ce toujours à jamais
Je creuse notre éternité,
Qui d'un pas tranquille
Sort de nos fournils.

De ce monde à l'autre,
Je veux faire un entre-autre.
Pour que nos vies unies
Décident de notre paradis.

De ce voyage dernier
Nous sommes les lanciers,
Qui au bout de nos rêves
Feront encore des rêves.

De tes yeux ce bleu,
Noyé, fait encore un vœux.
Je l'entends, ma joie est là,
Sur mon clavier je joue le la.

J'ai reçu un pieu

J'ai reçu un pieu,
Dans tous mes creux…
Je me suis fait des bosses,
Quand j'étais gosse.

Ma chair, fraîche et tendre
Dans des mains de cendre,
Se grisait de croire
Que l'amour est un miroir.

Les enfants des autres,
Dans des vies calculées,
Au plus large budget
De ces fautes qui grignotent.

Sans toi, comme avant,
Mon chemin prend la fuite.
Et c'est dans le vent,
Que je pêche une truite.

Mon voyage se poursuit,
Sans mot, sans bruit.
Le noyau de mon centre
Est en axe et se concentre.

J'ai

J'ai vu sur un écran
Écran d'ordinateur
Un couteau à cran
Couper mes fleurs.

J'ai connu des hommes
Qui instauraient des règles folles
Pour leur propre pomme
Et se croyaient drôles.

J'ai entendu au bout du jour
Le cri qui court
Essoufflé de fatigue immense
À force de manger du pain rance.

J'ai su, il y a longtemps
Que tout donner ne sert
À rien ni à personne vraiment
Les fruits sont amers.

À la veille du départ
Pour ce voyage sans fin
Je donne aussi ma part
Je veux oublier mes chagrins.

Je n'oublie pas

Non, je ne m'oublie,
Ni derrière, ni devant,
Pour aller à l'envi,
Du fond à l'avant.

Tu m'as dit :
Tu est toute ma vie,
Je t'aime, c'est ainsi,
Amour immuable, deux sosies.

Je te réponds :
La cadence et le pas,
Non contraints d'horizons,
Se libèrent sur un la,

Le même diapason,
Pas de discorde,
Uniquement des sons,
Sous mes doigts qui s'accordent.

Non, je n'oublie pas,
Ni ton nom ni le mien,
Au travers, même, transparent,
D'un univers qui est tien.

Je t'aime et sans conteste,
Je le manifeste,
Je t'aime et sans raison,
Je trouve toutes les raisons.

Jouent les violons

Un bout de mon histoire
Se colle au fond d'un tiroir.
Mes nobles rêves, mes rires
Ne font que se mourir.

Jouent les violons
Des merveilleux horizons
De mon âme meurtrie
De croire à cette vie.

Je sais bien n'être pas d'ici,
De ce monde de pluie.
J'irai par les routes
En oubliant mes doutes.

De cette terre purgatoire
Comme une grande foire
Ne reste au fond de moi
Que des éclats de voix.

Ma pendule s'est arrêtée
Sur l'enfance vérité
L'amour des autres,
Le partage entre-autre.

Un visage dans mes mains,
Un corps étendu là,
Près du mien,
Un souffle qui vient et va.

J'ai tout donné
Me suis abandonnée
Pour l'harmonie des différences
Qui sont autant de chances.

À présent je sais
Qu'un monde est fait
Du monde que l'on porte
Même si la mer est morte.

L'absence

De l'absence comme un vide,
De l'obstination sans bride,
Se détache telle l'ombre
Le blanc du sombre.

Cette mort absolue
De l'âme déchirée,
Comme un vieux papier
Un problème irrésolu.

L'affaire qui traîne,
De maillons sans chaîne,
Ni ne se comble,
Ni ne se recomble.

Un serment délié,
Dans le vent des années,
Refait le monde sans fin,
Sans attendre à demain.

De ce sable rempli de couleurs,
De cette main telle une fleur,
Se fâchent nos cœurs,
Se perdent nos pleurs.

Cette vie qui transporte,
Des graines de toutes sortes,
Comme le pollen d'une abeille
Collecté sur des treilles.

La question toujours posée,
De savoir si la pluie
De ces mois, ces années,
A rouillé le paradis.

L'accord si parfait,
Fragile pourtant
De gestes défaits,
Derrière les grilles du temps.

L'air du temps

Puisque c'est l'air du temps
Qui me fait traverser,
L'air de rien,
Tous ces chemins parsemés.

Puisque tu m'as dit
Tout ce que je crois
De la vie, des mots,
J'efface et recommence.

Puisque c'est dans un piano
Que j'ai trouvé l'accord,
Trois notes de rien
Du diapason que tu tiens.

Puisque les aurores succèdent aux nuits
Que la mer monte, descend.
L'air du large
Me fait écrire des pages.

Puisque l'aventure dure
Qu'il ne pleut plus,
Que l'air est pur
J'arrache ma mue.

L'été

Tu vois l'été, tout près,
Se profile et s'enfile.
Des perles sur mon collier,
Collier doré tant aimé.

Tu vois l'été, tout près,
Nous dit qu'il y a,
Devant, autour, à côté,
Des ombres et voilà,

Qu'un soleil
Une merveille,
Vient jusqu'à nous,
Toi et moi de partout.

L'homme qui cherche sa route

Absorbé, dévoré par le vide,
Vide éclaté d'éternité morbide,
L'homme au parcours incessant,
Cherche sa route, l'intérieur du dedans.

Renversé souvente fois,
Par des riens, des lois,
Cet homme qui court, essoufflé,
S'échappe des sentiers tracés.

Le pouls dans les tempes,
Bat le fruit sur la hampe,
C'est l'histoire répétée,
D'un manque à gagner.

La main qui tremble,
Sur un corps chéri qui ressemble
Aux mirages enfouis,
De vrais pruneaux sur un clafoutis.

Délavé, abusé par l'image,
L'image diluée aux couleurs sages
D'un corsage posé là, tout près,
D'une femme au corps pas si sage aimé.

Transporté d'un glacier au robinet,
Robinet d'arrivée, dessalée,
C'est l'histoire sans histoire,
De l'eau puisée qu'il faut boire.

L'intime infini

La terre fendue,
Déroulée, dépliée.
Dans mon moi tordu
La montagne est née.

Mon vague terrain,
Transformé, modifié,
Sculpté sous tes mains
Recule ses limites exigées.

Ton cœur horloge,
Battements cadencés,
Fait tomber de sa loge
Les spectateurs en transe.

Mise à plat déracinée,
Court dans l'espace infini
L'intimité consciente déliée
De l'inconscient et demi.

L'orage

L'orage au bout de moi,
Noir, rempli de nuages,
Lance les éclairs de mon émoi
Lumineux, vidé de rage.

Se confondent dans mes nuits
Les rêves et les images,
Le temps qui fuit,
Les barreaux de ma cage.

Les fruits de mes arbres,
Les arbres de mon jardin,
Se font de marbre
Au creux de tes mains.

Le voyage imprévisible
Me parle de l'indicible.
C'est l'insolite lointain
D'une pensée de demain.

Je cours et je danse,
Sur ce parcours immense,
Satellisée autour de toi
Comme un jeu de l'oie.

La glu

J'enrage dans l'orage,
Je saigne et pleure
De cette impossible plage,
Ce rêve d'une fleur.

Mon corps dans tes doigts,
Crée tout mon émoi.
Ma vie à tes pieds
D'amour liée.

Je me jette dans le flot
Et lâche tous les fardeaux.
Chaque illusion perdue
Se rajoute à ma vertu.

De l'absolu se dégage
Un inconnu sorti d'une cage.
Le problème irrésolu,
Du passé dans de la glu.

J'enrage dans l'orage,
Je saigne et pleure
De cette impossible plage,
Ce rêve d'une fleur.

La pluie

Pourquoi pleuvrait-il demain ?
Le temps qui nous échappe,
L'infortune de nos âges,
Un piano silencieux,
Un stylo posé là.

Pourquoi pleuvrait-il demain ?
Un frère mort au combat,
Un fils à l'autre bout du monde,
Un bébé qui a perdu son doudou
Une ampoule grillée.

Il ne pleuvra pas demain,
La Suisse a des chronos,
Nous avons le même âge,
Le piano joue,
Le stylo écrit.

Il ne pleuvra pas demain,
La vie est un combat,
Le monde est petit,
Les doudous on s'en fout,
Les ampoules sont en stock.

La source

Toute l'eau de cette source
Tombe dans un seau
Au bout de sa course
C'est bon quand il fait chaud.

La discrétion du papillon
Collé sur les carreaux
Autour de la maison
Il y a tant d'eau.

Derrière tous ces décors
Les labyrinthes de nos vies
Traversent même nos corps
En gouttes de pluie.

Le tic-tac d'un métronome
Sur un piano très rigolo
Noir et blanc qui résonne
Dans un champs de coquelicots.

L'absence de tous les mots
Vient crever le silence
En larges flots
Ferme les yeux et avance.

Le crapaud d'un conte de fée
Se transforme, se défait,
Dans son étang enraciné
La magie s'est envolée.

Une petite fille d'un autre monde
Tenant dans sa main chaque seconde
Se construit des rêves impossibles
De toute une vie paisible.

Marchant près de l'étang
Parmi les joncs, dans le vent
Pense que ce batracien
N'est rien d'autre qu'un magicien.

Dans son cœur tant de pleurs,
Dans ses yeux tant de larmes,
Viennent troubler ses heures,
Viennent vider son âme.

Comment rejoindre dans l'onde
Cet animal si fragile
Qui s'agite dans une ronde
À chaque battement de cils ?

Elle le regarde, le trouve beau
Il y a autre chose que la peau
Elle voudrait lui plaire
Comme un soleil dans l'hiver.

Tout lui donner
Pour qu'il retrouve
Le goût de vivre et d'espérer,
Pour que ses portes s'ouvrent.

La nature est ainsi faite,
D'un peu d'eau, de sable et de sel,
D'un peintre la palette,
D'un tableau qui ensorcelle.

Le livre

Au fond de la salle,
Très très sage,
Tu es là et tu lis
Quelques lignes d'un livre,

Regard bleu éperdu,
Transparent mais déçu.
Tu es là et tu pleures
Sur ces drames d'ailleurs.

Il est là ton émoi,
Serré tout contre moi,
Il est là notre chemin
Croisé comme un destin.

Au fond de la salle je te vois,
Tranquille, derrière ce livre de bois,
Ce livre de sel,
Ce livre de miel.

Le petit homme

Que cherche-t-il
Ce petit homme,
Si tranquille
Qui frissonne ?

Un repos, un ami ?
Une paix, une famille ?
Un espoir, une dernière joie ?
Un duel entre lui et moi ?

La vision d'un monde,
Qu'il avait rêvé
Dans toutes ses rondes
Sous tous les pavés ?

Un impossible travail,
Derrière un vitrail
Qui ne peut retenir,
Retenir les heures, ni les plaisirs.

Qu'attend-il encore
Jusqu'au bout de mon corps,
Pour cueillir de la vie
Ce destin qui nous réuni ?

Je ferai tout à la fois,
Quitte à transgresser les lois
De l'apesanteur et d'ailleurs,
Pour que dans ses yeux soit le bonheur.

Légiféré

Ma vie, aussi grande
Que l'espace de tes bras,
Monde partagé
De ce que l'on a jamais osé.

Un jour et pour l'éternité
Bien plus fort
Même que la mort
Un jour de toutes les vérités.

Pour pouvoir marcher sur la lune
Aussi légers que des plumes
Pour pouvoir oublier
Aussi haut qu'un chantier.

Un chantier de boue, de mortier
Pour une construction sans cesse,
Qui transporte dans l'ivresse,
Vers un étage sans palier.

Ma vie, posée là,
Sur le clavier et le la
D'une musique majeure
Au tic-tac des heures.

Un jour et pour toi
Bien au chaud,
Même feu de moi,
Un jour brasero.

Pour pouvoir marcher sur les dunes,
Sans toi dans l'infortune.
Pour pouvoir oublier,
Aussi fort que l'acier.

Un chantier de parfums et d'amour,
Pour une construction sans cesse,
Qui transporte dans l'ivresse
D'un chemin si court.

Ma vie, plantée là,
Sur le toit de ta maison
Me fait perdre mes raisons.
Demain, c'est déjà.

Un jour et pour toi,
J'ai fait le tour
Du monde pour
Trouver ta voie.

Mon été

Aux trois roses
Posées là, sur ma table,
Je dédis ces quelques lignes,
Un chant matinal.

Il est là mon été,
Tout bien considéré.
Voir, sentir, toucher,
Au matin, dès l'aube.

Un été, le seul, le premier,
Dans tes bras étonnés,
Mon soleil dans tes glaçons,
Ton amour sans raison.

Ma source en pétales
Arrose tes racines,
Les mots s'étalent
Tout de toi me fascine.

Aux trois roses
Dans le cristal
Je me pose
Comme un animal.

Tout en moi s'est éveillé,
De l'encre sur mon papier.
Le cerveau bouillonnant
De rêves d'enfant.

L'absolu au détour,
Ma vie dans un four.
Aux trois roses
Posées là, sur ma table.

Mon roi

Mon roi, ma loi,
Tu es en moi,
Telle ma vie toute entière,
Posée là, sur la matière.

Ma source vive,
Mon élan ravive
Ta lumière,
Ton atmosphère.

Patience

À l'extrémité de la patience
De t'attendre en cadence,
J'aimerais me soulager
Et pisser sur un balai.

Le temps passe et court
Avec des pas très lourds,
Le bonheur n'existe
Que si l'on est deux sur la piste.

Mes joies sont calmées
Sur tout ce papier.
J'ai rencontré
Un loup aux pattes palmées.

Il faudrait être aquatique,
Trouver cela sympathique.
Mes nerfs à fleur de peau
Me font nager sur le dos.

Il n'existe que des hommes
Avides des fesses des bonnes,
Comptant la monnaie
Dans leurs poches pour payer.

L'esclave affranchi,
D'un regard ébahi,
Part son sac au dos,
Rejoindre son troupeau.

Petit matin

Du tout petit matin,
Mon café noir extrême
Réveille l'innocence,
Le parfum de mes fleurs.

Doucement mon regard se pose
Sur toutes nos choses.
La vie est là,
Dans chacun de ces objets.

De mon ventre jamais
L'enfant, n'importe lequel
Ne naîtra, ne verra.
Quel dommage pour lui.

Que de regrets pour moi.
À cette vie qui passe,
Aux heures qui s'enlacent,
J'abandonne mes maux.

Un seul être dans mes yeux
Navigue dans tout l'espace.
Est-il amoureux
De mon cœur monospace ?

Bien au chaud,
Dans mon lit,
J'attendrais s'il le faut
De ne plus avoir de vie.

Plein soleil

Aux mille et une nuits,
De l'avalanche au parapluie,
Plein soleil sur nos vies,
Plein soleil au fond du puit.

Aux mille et un chemins,
De ton désert au mien,
Plein soleil sur un chien,
Plein soleil de nos destins.

Au mille et un travers,
De tes pensées au travers,
Plein soleil de mes soucis,
Plein soleil sur nos ennuis.

Aux mille et un mystères,
De mes joies de monastère,
Plein soleil sur nos misères,
Plein soleil à partager en tiers.

Pour toi

Pour toi je m'oublie,
Pour toi je t'oublie.
Pour nous, pas de frontière,
Pour nous, fermeture à glissière.

Le bouchon de liège qui flotte
Sur la rivière polyglotte,
Dérive sans boussole,
Navigateur des sous-sols.

La queue d'un piano,
Sous mes fesses posées,
Ne reconnaît plus mon do
Caché sous toutes les clefs.

Les portées musicales
D'une vie ancestrale
Que je croyais vivante
En bas de la pente.

Pour toi, pour moi,
Pour nous, ensemble,
Je veux oublier mes émois
Mes mains qui tremblent.

Prendre les baisers

Prendre les baisers,
Se souvenir d'un regard,
Sourire à l'être aimé
Pour ne pas qu'il s'égare.

Ne pas s'accuser,
Tout désabusé
Du temps passé,
De ses actes signés.

Croire qu'il y a un ailleurs,
Des champs remplis de fleurs.
Que la vie sur la terre,
Est toujours éphémère.

Penser qu'un clou, un marteau
Servent aussi
Sans rayer les carreaux
À faire des crucifix.

Accepter les douleurs
De l'autre qui pleure.
Rassurer sans mentir
Celui qui aime sans se retenir.

Promesse

La promesse d'un jour,
Pour obtenir l'amour.
La promesse d'une vie,
Pour échapper à l'ennui.

Ne plus croire
Au jour de pluie,
Au désespoir,
À l'infini.

Soulager d'un regard
L'autre qui repart,
L'autre qui s'égare,
Dans la fumée d'un cigare.

À jamais dans l'oubli,
La promesse d'un jour
Qui pourtant nous unis
Dans un toujours.

Adieu donc cette île,
Aperçue sur l'horizon,
Si belle, si tranquille,
Une terre de frissons.

C'est dans l'espace immense
De tes bras resserrés,
Tout contre moi, si intense,
Que je peux enfin pleurer.

La promesse est un mirage,
Qu'au loin d'un désert
L'amour se déchaîne de rage
Dans l'été d'un hiver.

Ne plus penser
Aux instants qui doutent,
Aux esprits déliés,
Ceux qui sont sur les routes.

Soulager d'une prière,
La peine, au fond,
La joie de misère,
Allongé sous le plafond.

À jamais dans mon cœur,
La promesse d'un jour,
La promesse d'un bonheur,
Disparus pour toujours.

Adieu donc le voyage,
Tracé sur mon carnet.
Si beau du bout de l'âge,
Sur la spirale et le papier.

C'est dans l'ombre grise,
De ces yeux fuyants
Qui face à moi se détournent
Et me paralysent.

Puisque je ne sais plus

De la tour de marbre,
Dressée sous la mer,
Je vois ton univers
Et tout qui se délabre.

Le jour se lève tôt,
Puisque je ne sais plus,
Ni les rêves ni les mots
Qui me parlaient d'absolu.

En mille éclats confondus
Ma vie se répand,
C'est un désordre éperdu
Qui m'aspire lentement.

D'un petit-déjeuner
Pris sous les chandeliers,
J'ai gardé le mystère
D'un temps moins austère.

Que disent les souvenirs?

Tu ne sais pas ce que te disent
Les souvenirs dans les remises.
Tu ne sais quoi penser
D'une saucisse persillée.

Une grillade de dorade
Parfume ton île fade.
Tu ne sais que rêver
Sinon qu'il faudrait rêver.

L'espoir de l'espérance
Donne à ta bouche un goût rance.
Une armée de fourmis rouges
Attaque ton poisson rouge.

La fumée d'une cigarette
Que tenait dans son bec
Une fille bien faite
T'as laissé bien sec.

Retour à l'image

Au candide retour,
D'un virage,
D'un retour
À l'image.

Sache que mes mains tremblent,
De n'avoir su t'attendre.
Sache que mon cœur vibre,
D'avoir ses battements libres.

L'explosion d'un bourgeon,
D'un matin sans confusion,
Me dit qu'il y a toi,
Toujours en moi.

Ces cils humides,
Autour de tes yeux,
Ô candide,
Faut-il un lieu ?

Un lieu pour aimer,
Un lieu pour rêver,
Un lieu commun,
Un lieu d'embruns ?

Si loin

Je ne trouve pas toujours
Les mots qu'il faut,
Mais le temps court
Et je suis seule avec mes bobos.

Sache que la vie va,
Dans tous les sens,
Jusqu'à trouver le la,
Jusqu'à l'absence.

Plus l'heure tourne,
Plus la danse était.
Et la vie ne retourne
La vie se défait.

Je ne trouve pas toujours
Les baisers qui sauvent,
Tout au long du parcours,
Les gestes qui osent.

Sache que la vie va,
Même sans toi, sans moi.
Marcher dans tes pas,
Garder la trace, la voie.

Je ne sais pas,
Mais je crois,
Que la vie est là,
Qu'il est une fois.

Plus l'heure tourne,
Plus l'image s'efface.
Tu me contournes
Et ne me regardes en face.

Simple partie

Comme ce fou sur l'échiquier
Qu'une main déplace
De part en part.
Un Roi, une Reine,
Dans un paysage
À carreaux noir et blanc.
Un tiroir et devant
Une chaise sans paille.
La magie de ce voyage
Au travers et en large,
Fait que toujours la partie
Délaye le noir dans le blanc,
Ou vis et versa le cas suivant.
L'adversaire difficile,
Est à respecter, à comprendre.
Ses armes sont les mêmes,
Le terrain est égal,
Les chevaux qu'on appelle cavaliers
Galopent du même sabot
Et sautent les mêmes obstacles.
Les tours sans contour,
Par deux s'entrechoquent,
Même si tous les pions en ligne
Pouvaient se dresser.

Sous l'arbre

Je vois, sous l'arbre,
Les yeux mi-clos,
Allongée sur le dos,
Du ciel tomber des bateaux.

À l'heure où se grave,
Sur les fruits le soleil
Tiré de son grand sommeil
Au fond de moi pareil.

Ces chants d'oiseaux
Que j'entends les yeux mi-clos,
Me disent que tous les bateaux
De ce ciel tombés, sont des rêves d'ailleurs.

Le parfum doux et ambré,
De la terre sur laquelle je suis couchée,
Me transporte épurée
Loin de tous les tourments.

Je vois, sous l'arbre,
À l'heure où se grave
Ces chants d'oiseaux
Le parfum doux, sucré, de notre été.

Thé au jasmin

Dérisoire arrosoir
Derrière toutes tes rimes
Se dessine la déprime.
En cascades, ton désespoir.

Étranger de toi-même,
Tu raisonnes comme un homme,
Toujours sur le thème
Du ver dans ta pomme.

Le chien bleu
Dans le jour qui descend,
Crie dans tes yeux
La douleur d'une rose des vents.

Le jasmin qui parfume
Ton thé et le mien,
Cueilli dans la brume
Des tous petits chagrins.

Tout au fond d'un brasier
Sous des cendres,
L'on peut voir, délié,
Le nœud pour se pendre.

Tout s'emboîte

Tout se déboîte et s'emboîte
Sur le fil du rasoir
Qui coupe le beurre
De mes tartines grillées.

J'ai vu un soleil
Traverser la plaine,
De la rivière à l'île,
Derrière les peupliers.

Ma bouche pousse un cri
Que seul ton cœur entend.
Puisque ma voix s'est brisée
Sur des rochers abîmés.

J'ai entendu le chant d'un oiseau
Qui traversait le ciel,
Tout au-dessus d'un paysage,
D'une charrette ou d'un moulin.

Différent des autres,
Tu as capturé
Cet animal sauvage
Qui cachait mon vrai visage.

Tout se trouble et passent
Des trains que l'on prend,
Sans billet pour retourner
Sans bagage, de guerre lasse.

J'ai goûté ce sourire,
Cette sérénité qui soulage.
Il faut le dire
J'ai tourné les pages.

Mes mains s'agitent
Au bout de mes bras
Et cherche de leurs doigts
Ton corps si près de moi.

Tout s'enclenche et se déclenche,
Sous la lune toute pleine
Pleine et si blanche,
Qu'elle éblouie ma peine.

Vite, vite, vite

Vite, vite, vite
Je suis à la limite
De débrancher,
De tout larguer.

Vite, vite, vite
Il y a des limites
Que tu as dépassées,
Trop fort traversées.

Vite, vite, vite
Je me mets en orbite
Sur une autre galaxie,
Je crains l'asphyxie.

Vite, vite, vite
Tout va si vite,
L'apnée c'est pour les dauphins,
Qui mangent ta main.

Les comptes sont faits

Les comptes sont faits,
Rien dans les tiroirs,
La caisse est vide,
Le ticket salé.

Rien ne sert de verser l'obole
Aux paroissiens pour un dîner,
Les prières sont vaines
Quand il s'agit de tout quitter.

Les uns vivent, les autres meurent,
La joie est là derrière les pleurs.
C'est un regard qui chaque jour
M'ouvre le cœur.

Dans mes mains ce visage
Que je chéri et embrasse
Me dit qu'il m'aime
Et je vis dans ses traces.

Les comptes sont faits,
Tout dans les yeux.
Les malles sont pleines
De douceurs sucrées.

Il sert toujours d'aimer
Celui qui est désespéré.
Mes prières dans mes veines
Nous ont fait tout quitter.

Ne me parle plus

Ne me regarde plus,
Ne me touche plus,
Ne me parle plus,
Ne m'écoute plus,
Puisque je crois même
Ce que tu ne me diras jamais…
Je suis encore au bord
Au bord de ta mémoire,
Puisque je suis la dernière note.

Quand le froid est venu

Dans le froid d'un hiver,
Sous la neige d'un glacier,
Gisait là, conservé,
La réciprocité…

Il suffit d'un dernier mot,
Mot entendu ou suggéré,
Pour que mon sang, ma peau,
Soient figés dans l'éternité.

Le conflit général
D'une génération à une autre
N'est dans le sidéral
Qu'une idée émise entre-autre.

Le tabagisme d'une femme folle,
Nocif lorsque l'on s'expose,
La frigidité d'une femme saine,
Mortelle au bout d'une semaine.

Les conserves en boîtes,
Dates dépassées, périmées,
Le poison déversé
Parce que tout s'emboîte.

Un signal de détresse,
L'homme est là,
Avec ses faiblesses,
C'est comme ça.

Rien n'est fait, non vraiment
Pour aimer un amant,
Qui ne dit ce qu'il fait,
Qui fait ce qu'il n'a pas pensé.

Le dernier qui parle
N'est pas forcément capable,
Il devrait sans un râle,
Reprendre son cartable.

La simplicité, tendre affection
Reprochée dans tes yeux,
Bascule mes émotions
Vers d'autres cieux.

Je me moque de celui
Qui trahit sa parole,
Celui à qui j'ai tout dit
Même dans mes casseroles.

Tant de soleils pillés,
Tout mon corps déshabillé,
Ni de toi, ni de moi ne reste
De vie et le reste.

Ta voix

À la ligne pure
Au-dessus de l'azur,
Tu rajoutes une voix,
Un chant qui vient de toi.

À la douceur du temps
Par-delà tous les vents,
Tu explores à ton tour
Toutes les rives de l'amour.

Au crépuscule de tous tes maux,
En-decà et loin des troupeaux,
Tu prends tes derniers bagages,
Pour refaire tous les paysages.

Il est des êtres perdus,
Qui de leur source s'éloignent
Pour tracer de nouvelles rues
Pour que l'autre les rejoigne.

Mon amour je t'avoue aujourd'hui
Que de tous les matins glacials,
Ce sont ceux que je vis,
Près de toi, posée, qui m'avalent.

Pour rien dans ce monde
Mes yeux ne se poseront
Sur d'autres rondes
Tu es mon liseron.

À la joie de m'éveiller
Dans tes bras enlacée,
Naissent tous les désirs
Que mon corps vient te dire.

À la cause de mes désespoirs
Derrière les écrans noirs,
Ton cœur battant pour moi
À su de son élan me rendre l'émoi.

Toutes les couleurs

Le bleu te va bien,
Pyjama, chaussettes, sac à main,
Tee-shirt et liens
De tes chaussures de jardin.

Le rouge te va bien,
Coq au vin,
Main dans la main,
Dans le jardin, les nains.

Le vert te va bien,
Petits déjeuners de rien,
Sur l'herbe de ce jardin,
Avec tes chaussures et tes petits seins.

Le jaune te va bien,
Gros câlins,
Sur tous nos chemins,
Sans tes chaussures, ma main sur tes seins.

L'orange te va bien,
Pour les goûters dans ton bain,
Bains de soleil, ton corps près du mien,
Toute mon âme et mon cœur au bord des tiens.

Le gris te va bien,
Dans notre miroir syrien,
Miroir de notre salle de bains,
Salle de Bains pour se laver les mains.

Le violet te va bien,
Sur tes lunettes pour voir si loin,
Tous t'aime, même le chien,
Puisque tu es, le reflet du mien.

Toujours il y a

Toujours il y a,
Toujours il y a toi
Dans le creux de mon creux,
Dans le creux de moi.

Un bonheur partagé
Du soleil à l'été.
Mon amour toi et moi
Au bord de la joie.

Une seconde sans toi

D'une seconde
Passée sans toi
L'orage qui gronde
Au bout de moi.

Le rouge éclat
Bouleversant de lumière
De mon cœur qui bat
Dans mes tempes et mes paupières.

Le pouvoir, le seul
Détenu de chacun
Est d'essayer jusqu'au linceul
De traverser les embruns.

Le cours des mots
Que rattrape l'esprit
Laisse en flots
Toute l'histoire de nos vies.

D'une heure
Passée loin de toi
L'orage ne se meurt
Tout au fond de moi.

Une heure sans moi

Une heure sans moi,
Ton désarroi.
Une journée sans toi,
Tu es le roi.

Va et glisse
Sur des patins très lisses,
Justifier tous tes actes,
Pour moi c'est l'entracte.

Pardonner est facile,
Reprocher si simple, idiot.
Un retour sur soi, très fragile
Oublier comme un jeune chiot.

À l'inverse de tes idées,
Pratiquant du mensonge,
Des vérités cachées
Il y a mes songes.

Entouré de gens jaloux, orgueilleux
Qui se cachent derrière tes yeux
Tu oublies et c'est normal
Que tu es un animal.

Espagne

C'est un village
Cher à mon cœur,
Qui, au fond de l'Espagne,
A dévoré mon âme.
Ses ruelles en pente
Jusqu'à notre maison.
Des chats paisibles,
Vivants sur les terrasses.
Tout en face, la Méditerranée,
Qui d'un regard
Transporte l'éternité.
Des oliviers plantés là,
Dans d'immenses champs orangés.
La montagne, au loin et à l'arrière,
Donne des envies d'escalade.
C'est un village
Cher à mon cœur,
Qui, au fond de l'Espagne
A dévoré mes drames.
Ma petite musique intérieure
Organise déjà mes pinceaux,
Mon piano, ta silhouette
Tout autour, au beau milieu
De notre amour.
Transportée quelques jours
Dans cette vie idéale,
Je ne peux revenir tout à fait
Et ne pense aujourd'hui
Qu'à y retourner.

Avalanche

Au pied de cette haute montagne
Glissent et glissent encor,
Dressent leurs mats de cocagne,
Tant de médaillés d'or.

Plus loin dans la vallée
Court la rivière toujours,
Tous les arbres dressés
Appellent au secours.

Le ciel au-dessus
Laisse paraître sa pureté bleue,
C'est un dimanche têtu
Les foyers brûlent du même feu.

Tout est calme
Comme suspendu,
Les skieurs reçoivent leurs palmes
Tous, même les vaincus.

Et c'est soudain
Que la terre gronde
Le glacier geint
En trois secondes.

Une avalanche
De neige toute blanche
Vient bouleverser
Ce dimanche irisé.

Comme une lame de fond,
Déracine les sapins
Remonte sur le pont
Part et revient.

Des hommes et leurs chiens
Déjà préparés, harnachés,
Partent sur le terrain,
Tendres leurs mains

Une odeur, un léger souffle
Suffisent et facilitent
La découverte d'une moufle
Un corps qui s'agite.

Le relief de la planète
Sa nature, sa météo
Nous rappellent tout net
Que rien est égal à zéro.

Du courage

Où est ce courage
Des chevaliers d'alors
Qui de leur rage
Transperçaient les corps ?

Perdus dans la nuit des temps,
Ces cavaliers d'antan
Qui pensaient que la terre
Plate, avait un poids de misère.

Dieu qui passait par là
Nous laissa son fils
Pour nous donner le la
Dans les encens et les épices.

Ce lointain paysage
Du fond de moi rejailli
J'oublie d'être sage
Et pense à l'infini.

De l'arrière-saison
En éclats lumineux
Ce soleil plein de raisons
De voir enfin un feu.

Demain

J'oublierai doucement,
Les combats,
L'abandon,
Dans d'autres bras,
D'autres chansons.

J'atteindrai pas à pas,
Le ruisseau,
Sans amarre,
Sans bateau,
D'un soleil rare.

Jaillissante du brouillard,
Éblouie de lumière,
Telle une sirène au teint blafard,
Éclatée sous le fard d'hier,

Transparente, éperdue,
Étonnée et déçue,
Des ivresses sans le vin,
Des désirs et du lendemain.

Comme tous les bateaux

Comme tous les bateaux
Ne sont pas faits
Pour voguer sur les eaux
De ce monde imparfait.

Autant de jours, de nuits,
Faites qu'il soit toujours là,
Dans mes yeux, ma tête qui fuit,
Sur mon cheval qui marche au pas.

Comme tous les secrets
Dans des coffres ensevelis
Ont chacun leur clé
Dans nos poches aussi ;

Autant de pluie, d'éclaircie,
Faites que notre histoire,
Dans le calme, l'harmonie,
Et que nos vies courent sur l'ivoire.

Comme tous les déserts
Ne sont pas traversés
Sans outre ni foi de fer,
Il faut aller, se laisser dériver.

Autant de marches, d'attaches,
De tous les escaliers,
Faites qu'il ne se fâche,
Et me laisse l'aimer.

Au bout de la course

Sans ressource,
Au bout de la course
Un chat miaule
C'est pas drôle.

Je me moque
De toutes les cloques
Qu'il y a sous la peau
Dans tous les cerveaux.

De toutes ces claques
Je m'en tape.
D'un coin chagrin
Le chat déteint.

Je transpire de ces salades
Qui font de la marmelade
Avec mes sentiments,
Tous mes serments.

C'est affreux
Tous ces jeux,
Ces concours
À l'amour.

Je m'en balance
De toutes ces danses,
Sur la piste noire
D'une montagne d'espoirs.

Je me fatigue,
Comme cette figue
Séchée, rabougrie,
Sans feu ni bougie.

Que tout bouge,
Que tout change,
Dans ce rouge
Si étrange.

Que le diable m'emporte
Si jamais j'ai menti,
Caché les clés de mes portes
Les portes de mon paradis.

Je ne crois plus,
Ni aux larmes,
Ni aux charmes.
La vie ne m'a pas abattue.

Je donne ma peau si douce,
Je lève le pouce,
Pour stopper la machine infernale
Qui fait que mon cheval cavale.

Titres	pages
Le saxo	9
La mouche et l'éléphant	10
Le chat	11
Le chinchilla	13
Zenattitude	14
Le tableau de l'enjeu	15
Mon cheval	16
Non	17
Qu'on me laisse	18
Qui nous dit ?	19
Rien à comprendre	20
Rythme	21
Une tête de Turc	22
L'éveil et le progrès	23
Vraiment, c'est tout	25
La clef de sol	26
Le charme fou	27
Aïe, aïe, aïe	28
Aux quatre coins du monde	30
Aux rivières insolites	31
À l'orée du bois	30
Goutte à goutte	33
Il est un passage	34
Apparences	35
Au bout de l'âge	36
Au gré du gré des vents	38
Inventaire inventif	39

Chez moi	40
Elles ont…	41
Enfers de terre	42
Guerre de religion	44
César	45
Hasard	46
L'ABC	47
Le centimètre	48
Le mur	49
Liberté chérie	50
Petit déjeuner	52
À vrai dire	53
De l'encre sur mes doigts	55
Autour de l'amour	57
Des libellules bleues	59
Autant de jours	60
Au gré du vent	61
Aux ombres	63
Interrogation ?	64
Ce sont des vagues	65
Au bord	66
Au fil du temps	67
Amour sans toi	68
Des rubans dans mes cheveux	69
Griffée par un rosier	70
Doutes	71
Du chant à l'ivresse	73
Gouttes de pluie	75
Ce chemin qui chemine	76

Avril en décembre	78
J'ai reçu un pieu	80
J'ai	81
Je n'oublie pas	82
Jouent les violons	83
L'absence	85
L'air du temps	87
L'été	88
L'homme qui cherche sa route	89
L'intime infini	90
L'orage	91
La glu	92
La pluie	93
La source	94
Le livre	96
Le petit homme	97
Légiféré	98
Mon été	100
Mon roi	102
Patience	103
Petit matin	104
Plein soleil	105
Pour toi	106
Prendre les baisers	107
Promesse	108
Puisque je ne sais plus	110
Que disent les souvenirs ?	111
Retour à l'image	112
Si loin	113

Simple partie	115
Sous l'arbre	116
Thé au jasmin	117
Tout s'emboîte	118
Vite, vite, vite	120
Les comptes sont faits	121
Ne me parle plus	123
Quand le froid est venu	125
Ta voix	126
Toutes les couleurs	128
Toujours il y a	130
Une seconde sans toi	131
Une heure sans moi	132
Espagne	133
Avalanche	134
Du courage	136
Demain	137
Comme tous les bateaux	138
Au bout de la course	139

roger claire
Éd'Arts

lebreton@rogerclaire.fr
www.rogerclaire.fr